ARBRES NAINS DU JAPON

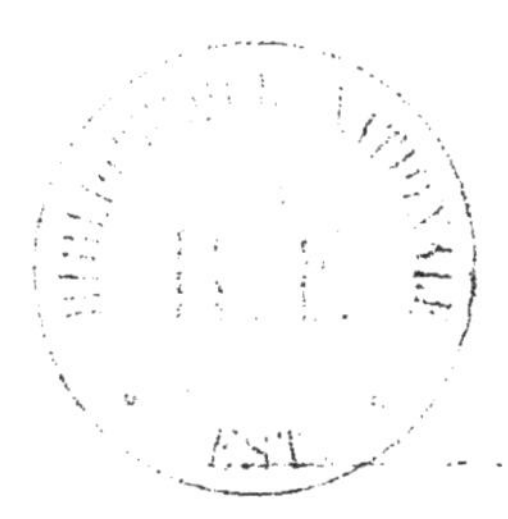

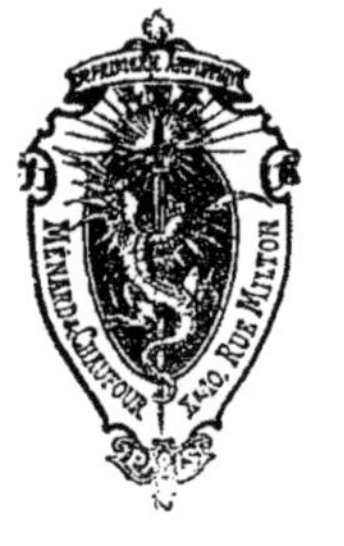
MÉNARD & CHAUFOUR
RUE MILTON

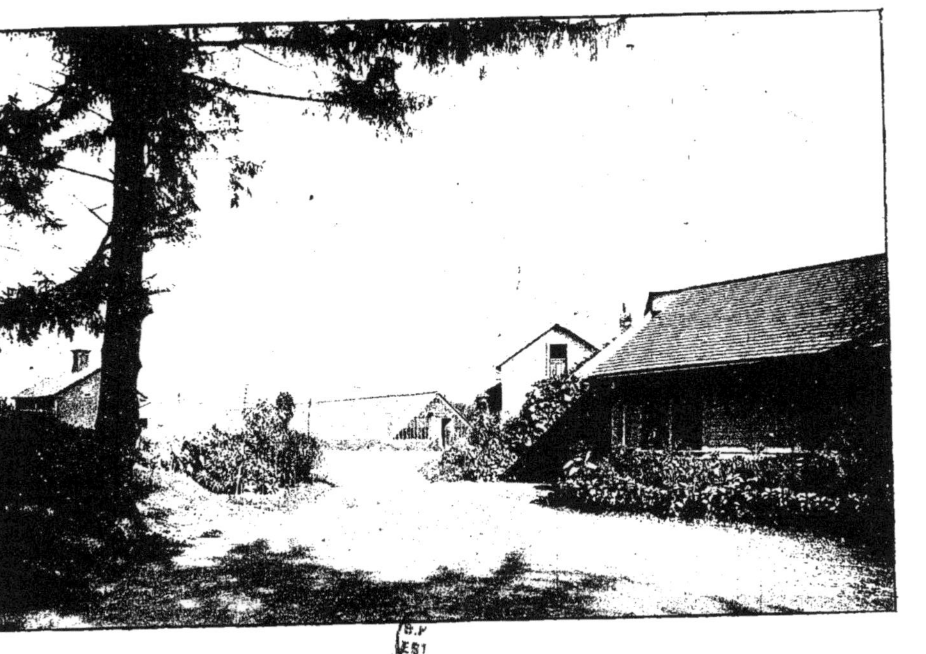

VUE NORD-OUEST DE LA PÉPINIÈRE YAMANAKA A OSAKA

CATALOGUE

D'UNE COLLECTION

d'Arbres Nains du Japon

Cultivés et dressés

PAR

YAMANAKA & C° D'OSAKA

DONT LA VENTE PUBLIQUE AURA LIEU

Le Vendredi 13 Juin 1902

A L'HOTEL DROUOT, SALLE V

A 2 HEURES

COMMISSAIRE-PRISEUR	EXPERT
Mᵉ P. CHEVALLIER	M. S. BING
10, rue Grange-Batelière	22, rue de Provence, 22

EXPOSITIONS SALLE V { *PARTICULIÈRE, le Mercredi 11 Juin*
{ *PUBLIQUE, le Jeudi 12 Juin*

DE 2 HEURES A 6 HEURES

La collection d'arbres nains du Japon qui se trouve ici réunie, a été composée dans le but de donner un aspect d'ensemble de cet art si essentiellement japonais.

Les spécimens venus en Europe jusqu'à ce jour étaient des produits hâtivement préparés pour l'exportation, sans aucune des recherches d'arrangement, d'équilibre, de pittoresque, qui font de ces petites choses comme une véritable branche de l'art japonais, art national et traditionnel, où l'amateur s'ingéniait à enfermer dans leurs silhouettes — diminuées mais non pas amoindries — toute une évocation de paysage gracieux ou puissant.

Au Japon le « dressage » des arbres nains se pratiquait en effet avec une véritable passion d'art parmi les classes privilégiées. De génération en génération on se transmettait ces produits d'une collaboration entre l'homme et la nature et certains exemplaires particulièrement réussis étaient pour une famille comme des titres de gloire.

La partie métier n'a rien de bien difficile, c'est surtout affaire de patience et de délicatesse ; de patience car toute une vie d'homme suffit à peine à voir l'arbre approcher de son état définitif, tant la végétation doit être ralentie; de délicatesse, car il faut les doigts caressants du Japonais, ses mouvements menus et précis, pour courber, lier, retenir les branches frêles, les pincer au point qui convient, tout en restant en deçà des limites où la végétation, découragée, s'arrêterait.

Bien plus raffinée est la partie artistique, qui consiste à avoir un plan initial de conduite, à savoir vers quelle forme définitive il convient de diriger l'arrangement général, de façon que l'arbre une fois « dressé » — et deux siècles peuvent ne pas y suffire — présente, nain, la silhouette impressionnante qu'il aurait, immense, dans la libre Nature.

De véritables experts du genre ont existé au Japon. On pourra lire leurs noms dans la suite des numéros de ce catalogue. La plupart des arbres nains qui y figurent ont été dressés par eux et plusieurs même étaient célèbres au Japon.

Il serait bien difficile de constituer maintenant une collection équivalente, mais nous avons tenu à ceque cet art si gracieux, si essentiellement japonais, fût représenté dignement pour sa révélation au public parisien.

EXPLICATION

des différents arrangements dont il est question dans ce Catalogue.

(*Voir les illustrations*)

JIKKI...... Arrangement à branches régulières.

KENGAÏ.... Arbre surplombant un tertre.

MIKOSHI... Arbre n'ayant pas beaucoup de branches à sa base.

NAZASHI.. Arbre ayant toutes ses branches penchées.

NEAZARI... Plante dont toutes les racines sont à nu.

BONSAÏ.... Miniature d'un arbre forestier, en pot ou sur plateau, par culture artificielle.

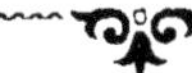

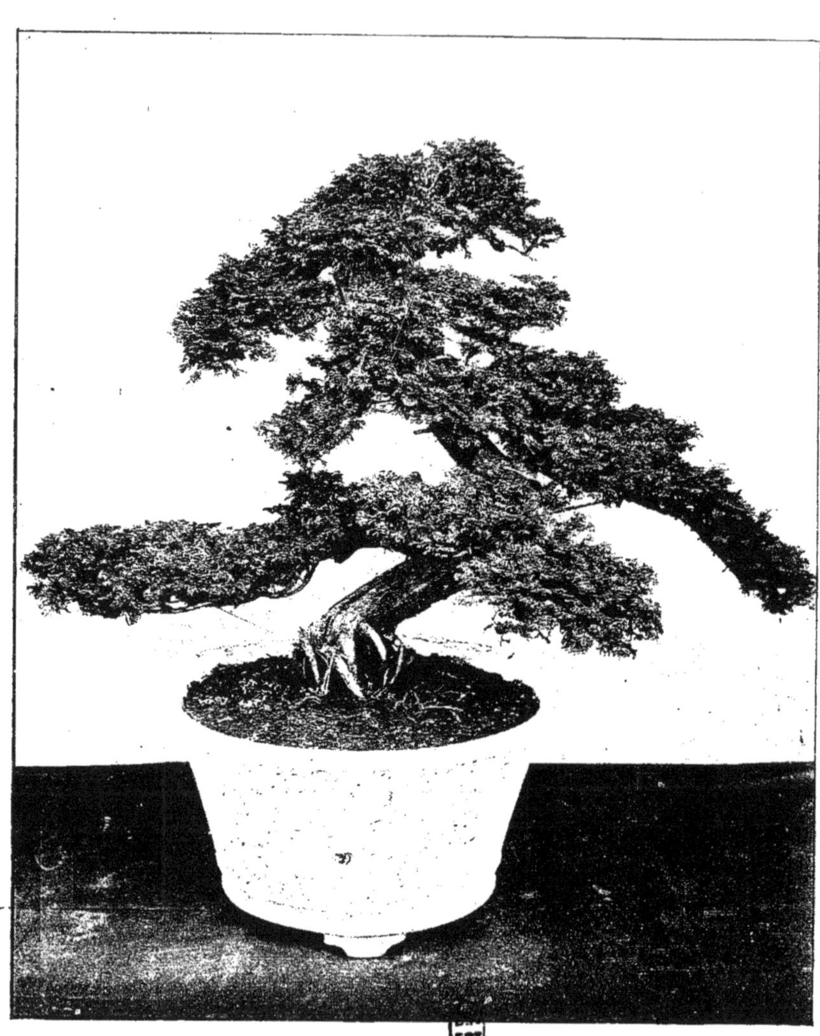

THUYA
Arrangement Mikoshi

NOTES

SUR

l'entretien des Arbres nains du Japon

Les arbres nains du Japon amenés à un plein état de vigueur (1) comme celui qui se révèle dans la présente collection, ne requièrent aucun soin d'ordre spécial ni technique.

Lors même qu'il s'agit de spécimens rares et précieux comme la plupart de ceux-ci, on peut parfaitement, sans l'aide d'un horticulteur, pourvoir à leur entretien constant. Il suffira d'avoir égard à quelques règles élémentaires.

Le Thuya (*Thuya obtusa nana*) et le Pin (*Pinus parviflora*) sont tout à fait rustiques et peuvent séjourner au grand air en toutes saisons, s'ils sont en pleine terre. En pots, il est préférable par les grands froids de les abriter dans une cave ou tout autre endroit frais. Il ne faut pas les exposer à une trop grande chaleur. L'été, la jardinière qui les contient sera tenue sur une terrasse ombragée ou dans un endroit frais du jardin.

---

(1) Les arbres nains du Japon qui font l'objet de la présente vente sont dans un excellent état de vigueur et de végétation. Ils ont été gardés et soignés pendant trois ans au Japon dans les pépinières de la maison Yamanaka et C°, et depuis leur importation en France, ont subi plusieurs mois d'observation chez un horticulteur parisien.

Les jeunes pousses et les nouvelles feuilles que l'on peut voir sur la plupart d'entre eux, sont la meilleure preuve de leur bon état de santé.

Arrosage modéré une fois par jour, pour maintenir la terre légèrement humide, mais sans la détremper. De temps en temps arroser le feuillage même, comme ferait la pluie du ciel. Le vaporisateur s'emploie avec succès dans ce but.

Les arbres qui perdent leurs feuilles à l'automne ne réclament pas d'autres soins que n'importe quelle plante d'Europe. Il suffit de ne pas les exposer aux gelées tardives de printemps, au moment où la reprise du mouvement ascendant de la sève gonfle les bourgeons et les rend plus délicats.

Arrosage tous les deux jours pour maintenir la terre légèrement humide. Une ou deux fois par semaine pendant la période hivernale.

Le changement de pot est absolument inutile à un moment quelconque de la vie de ces plantes. L'art du jardinier spécialiste a précisément consisté à les obliger à se contenter définitivement du logement qui leur a été assigné, et il ne les a livrées à elles-mêmes qu'avec la certitude qu'elles étaient désormais parfaitement habituées au régime imposé.

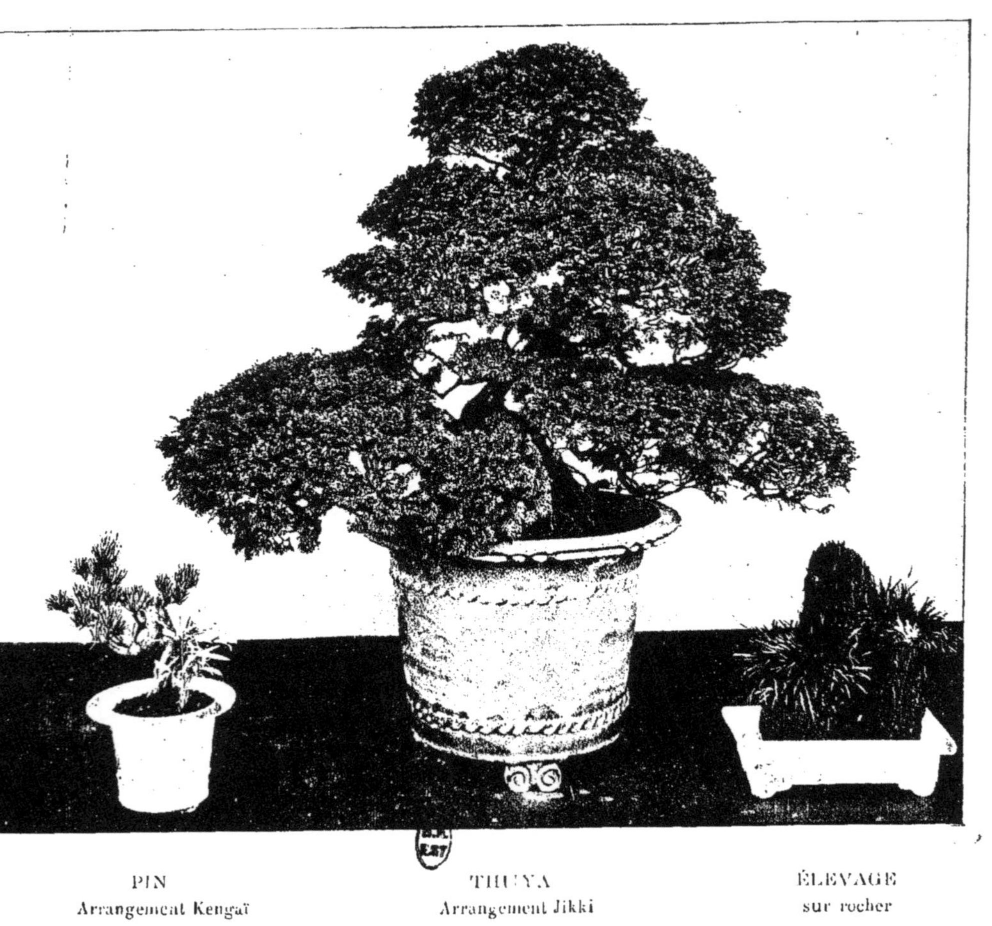

PIN
Arrangement Kengaï

THUYA
Arrangement Jikki

ÉLEVAGE
sur rocher

DÉSIGNATION

1 — THUYA (*Thuya obtusa nana*), variété verte. Belle culture de racines. Environ 35 ans.

Haut. : 0m32.
Jardinière Sigaraki.

2 — PIN (*Pinus Parviflora*), arrangé avec pierres par Také de Tokio. Environ 30 ans.

Haut. : 0m26.
Jardinière Sigaraki.

3 — *Idem*, tortillé et bien dressé. Environ 75 ans.

Haut. : 0m57.
Jardinière Séto.

4 — THUYA, variété verte. Environ 40 ans.

Haut. : 0m18.
Belle jardinière Rakou.

5 — THUYA, variété verte, arrangement Jikki par G. Itô de Denchu, Tokio. L'un des plus beaux exemplaires. Environ 100 ans.

Haut. : 0m52.
Jardinière Sigaraki.

6 — KIYAKI NAIN (*Planera Richardi*). Environ 75 ans.

Haut. : 0^m49.
Jardinière Séto.

7 — CHÊNE NAIN. Environ 50 ans.

Haut. : 0^m25.
Jardinière Owari.

8 — PIN, magnifique arrangement par Nishi de Ikéda. Environ 60 ans.

Haut. : 0^m35.
Jardinière Séto.

9 — PRUNIER (*Prunus Moumé*), floraison à grandes fleurs roses. Environ 25 ans.

Haut. : 0^m55.
Jardinière Séto.

10 — BONKAÏ (les six meilleures variétés d'érable). Environ 20 ans.

Haut. : 0^m74.
Plateau Sigaraki.

11 — THUYA. Environ 40 ans.

Haut. : 0^m25.
Jardinière Sigaraki.

12 — *Idem* vert, le plus beau spécimen d'arrange ment Kengaï. Environ 35 ans.

Haut. : $0^{m}17$.
Jardinière Sigaraki.

13 — TSUTSUYÉ NAIN, magnifiques fleurs rouges. Environ 80 ans.

Haut. : $0^{m}37$.
Jardinière blanche Séto.

14 — ERABLE (*Acer Mégané*), greffe des trois meilleures variétés. Environ 40 ans.

Haut. : $0^{m}85$.
Jardinière Sigaraki.

15 — HASÉ NAIN greffé sur racines de Hégo.

Haut. : $0^{m}35$.
Plateau Saghé.

16 — SEYO NAIN. Environ 40 ans.

Haut. : $0^{m}36$.
Plateau Sigaraki.

17 — ERABLE DE FORÊT, ayant figuré à l'Exposition de la Société nationale d'Horticulture de France en Mai 1902, primé par la médaille d'or.

Haut. : $0^{m}50$.
Plateau Sigaraki.

18 — Thuya, variété verte, beau spécimen d'arrangement Kengaï. Environ 60 ans.

Haut. : 0m55.
Jardinière Séto.

19 — Siroshikou, beau spécimen de plante d'appartement.

Haut. : 0m80.
Jardinière Séto.

20 — Pin, environ 40 ans.

Haut. : 0m30.
Jardinière Owari.

21 — Pin (*Pinus densiflora*), environ 35 ans.

Haut. : 0m65.
Jardinière Sigaraki.

22 — Erable, greffe de trois des meilleures variétés environ 40 ans.

Haut. : 0m76.
Jardinière Sigaraki.

23 — Thuya, variété d'or, environ 35 ans.

Haut. : 0m35.
Jardinière Sigaraki.

24 — *Idem*, variété verte, arrangement Mikoshi,

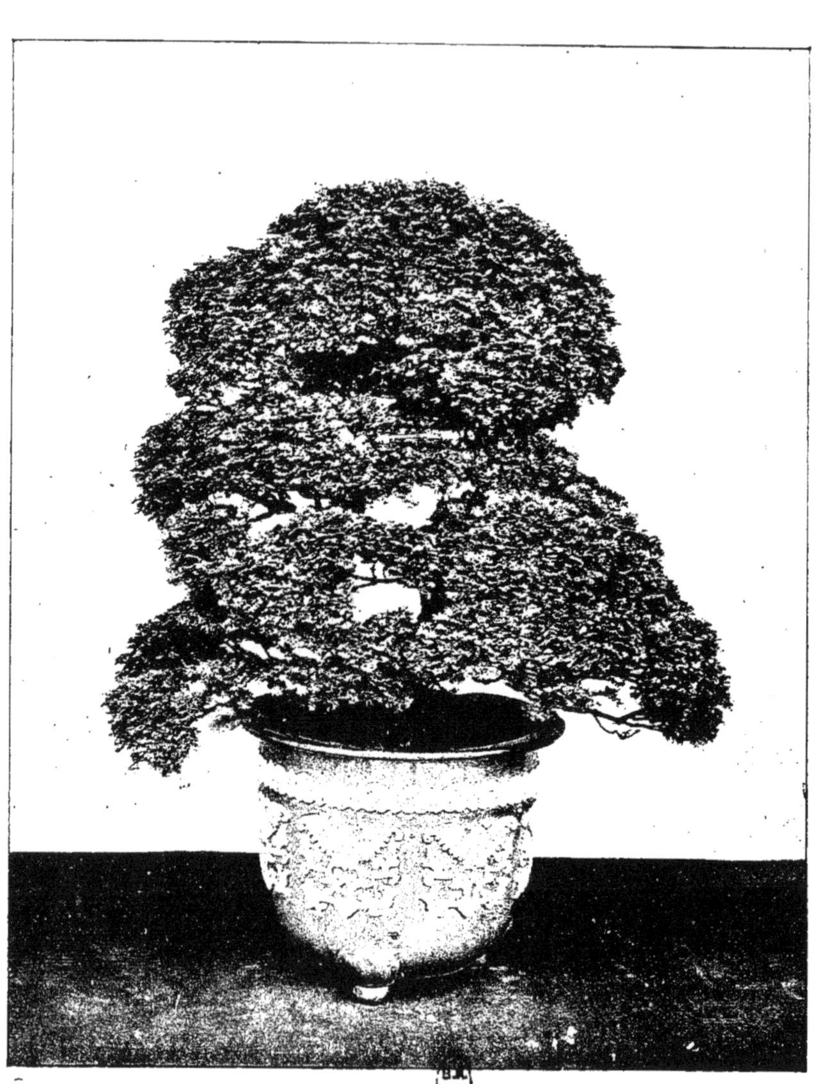

THUYA

Arrangement Jikki

dressé par Takaghé de Tokio, horticulteur réputé, environ 90 ans.

Haut. : 0m59.

Jardinière Séto bleu et blanc.

25 — PIN, environ 40 ans.

Haut. : 0m43.

Jardinière Sigaraki.

26 — THUYA, variété d'or, environ 30 ans.

Haut. : 0m43.

Jardinière Owari.

27 — THUYA, variété verte, arrangement Mikoshi par feu Eséki de Tokio. Un des plus beaux spécimens, ayant figuré à l'Exposition de la Société d'Horticulture de France, en Mai 1902, et ayant obtenu la médaille d'or, environ 65 ans.

Haut. : 0m45.

Plateau Sigaraki blanc.

28 — PIN, environ 35 ans.

Haut. : 0m23.

Jardinière Sigaraki.

29 — PIN ET ERABLE. Jardin en miniature, reproduction artistique du jardin Hamano, environ 50 ans.

Haut. : 0m60.

Plateau Sigaraki.

30 — THUYA, variété d'or, arrangement Mikoshi par Také de Denchu, Tokio, médaille d'or à la Société nationale d'Horticulture de France, en Mai 1902, environ 50 ans.

Haut. : 0m40.
Plateau Sigaraki.

31 — ERABLE NAIN, forme Kengaï, le plus beau spécimen dans son genre, environ 80 ans. Médaille d'or à la Société nationale d'Horticulture de France, Mai 1902.

Haut. : 0m65.
Plateau Owari blanc.

32 — PIN, THUYA ET KIRISIMA, plantation sur pierre, forme bateau, pièce très intéressante, environ 50 ans.

Haut. : 0m6).

33 — ERABLE, environ 35 ans.

Haut. : 0m84.
Jardinière Owari.

34 — THUYA, variété verte, magnifique arrangement Mikoshi par Tanaka de Somei, environ 40 ans. Médaille d'or à la Société nationale d'Horticulture de France, Mai 1902.

Haut. : 0m15.
ardinière Goroshi.

35 — Erable, quadruple greffe variée, environ 40 ans.

Haut. : 0m55.
Jardinière Owari.

36 — Kiyaki nain du jardin Hirokawa, environ 100 ans.

Haut. : 0m46.
Plateau Sigaraki.

37 — Prunier (*Prunus Kaido*). Magnifiques fleurs au printemps, environ 40 ans.

Haut. : 0m46.
Plateau Sigaraki.

38 — Pin forestier, reproduction en miniature du Maïko du Japon.

Haut. : 0m50.
Plateau Sigaraki blanc.

39 — Thuya, variété verte, environ 50 ans, dressé par Takaghé. Médaille d'or à la Société Nationale d'Horticulture de France, Mai 1902.

Haut. : 0m50.

40 — Erable nain.

Haut. : 0m72.
Jardinière Oribé.

41 — Tsukuyé nain, à belle floraison rose, environ 80 ans.

Haut. : 0m51.
Plateau Sigaraki.

42 — Erable, spécimen d'un beau dressage.

Haut. : 0m80.
Jardinière Sigaraki.

43 — Pin, formé par Térano de Yamamoto, l'un des meilleurs spécimens de son art de dressage des pins, environ 75 ans.

Haut. : 0m45.
Jardinière Séto bleu et blanc.

44 — Erable.

Haut. : 0m70.
Jardinière Oribé.

45 — Prunier (*Prunus Moumé*), floraison en belles et grandes fleurs roses au printemps, provenant du jardin de Takaghé, environ 80 ans.

Haut. : 0m60.
Beau plateau Saghé.

46 — Podocarpe (*Podocarpus Nagéa*), en forme du mont Fouji, environ 80 ans.

Haut. : 0m55.
Jardinière Sigaraki.

THUYA

Arrangement Kengaï

47 — Thuya, variété verte, arrangement Jikki, par le célèbre G. Itô de Tokio, environ 100 ans.

Haut. : $0^{m}69$.
Jardinière seto bleu et blanc.

48 — Podocarpe, variété blanche, dressé par Yoséno, environ 100 ans.

Haut. : $0^{m}80$.
Jardinière Ouno.

49 — Bambou hotaï, variété très rare au Japon.

Haut. : $0^{m}70$.
Jardinière Owari.

50 — Chêne nain, environ 60 ans.

Haut. : $0^{m}45$.
Jardinière Sigaraki.

51 — Bonkaï, plantation de trois thuyas, avec ornementations de jardin.

Haut. : $0^{m}95$.
Plateau Sigaraki.

52 — Foukouramoké.

Haut. : $0^{m}81$.
Jardinière Seghé.

53 — Nindow nain, belles fleurs jaunes au commencement de l'été, environ 75 ans.

Haut. : $0^{m}47$.
Jardinière Sigaraki.

54 — Thuya, variété verte, arrangement Jikki par feu Asow de Tokio; l'une de ses meilleures productions, environ 75 ans.

Haut. : 0^m50.
Jardinière Sigaraki.

55 — Thuya, environ 50 ans.

Haut. ; 0^m49.
Jardinière Seto.

56 — Pin, dressé et tourné par Kosabrô, environ 70 ans.

Haut. : 0^m45.
Jardinière Goroshi.

57 — Thuya, bon spécimen d'un arrangement Mikoshi, par Itô, environ 70 ans.

Haut. : 0^m55.
Jardinière Oribé.

58 — Erable, greffe de deux variétés.

Haut. : 0^m35.
Plateau Sigaraki.

59 — Thuya, variété verte, environ 40 ans.

Haut. : 0^m40.
Jardinière Bizen.

60 — Prunier (*Prunus Momo*), porte au printemps de magnifiques fleurs blanches doubles.

Haut. : 0m55.
Jardinière Sigaraki.

61 — Haghé, belles fleurs jaunes au printemps, unique exemplaire de cette collection.

Haut. : 0m42.
Jardinière Owari.

62 — Tamaris nain, nouvelle variété à fleurs blanches, environ 70 ans.

Haut. : 0m55.
Plateau Sigaraki.

63 — Thuya, variété d'or, environ 40 ans.

Haut. : 0m19.
Plateau Sigaraki.

64 — Erable nain, environ 60 ans.

Haut. : 0m50.
Plateau Sigaraki.

65 — Thuya, belle variété verte, racines à nu, beau spécimen de l'Art de dressage d'arbres, environ 40 ans. Médaille d'or à la Société Nationale d'Horticulture de France, Mai 1902.

Haut. : 0m34.
Jardinière Ouno.

66 — Erable forestier, les trois meilleures variétés.

Haut. : 0m58.
Plateau Sigaraki.

67 — Pin, environ 40 ans.

Haut. : 0m15.
Jardinière Sigaraki.

68 — Bonkaï, arbre miniature avec ornementation de jardin.

Haut. : 0m30.
Plateau Saghé.

69 — Erable nain, environ 60 ans.

Haut. : 0m35
Plateau Goroshi.

70 — Thuya, variété d'or formé par feu Tanaka, dressage merveilleux en forme Mikoshi, environ 120 ans.

Haut. : 0m66.
Jardinière Goroshi

71 — Hégo nain, spécimen unique dans cette collection.

Haut. : 0m45.
Plateau Koké.

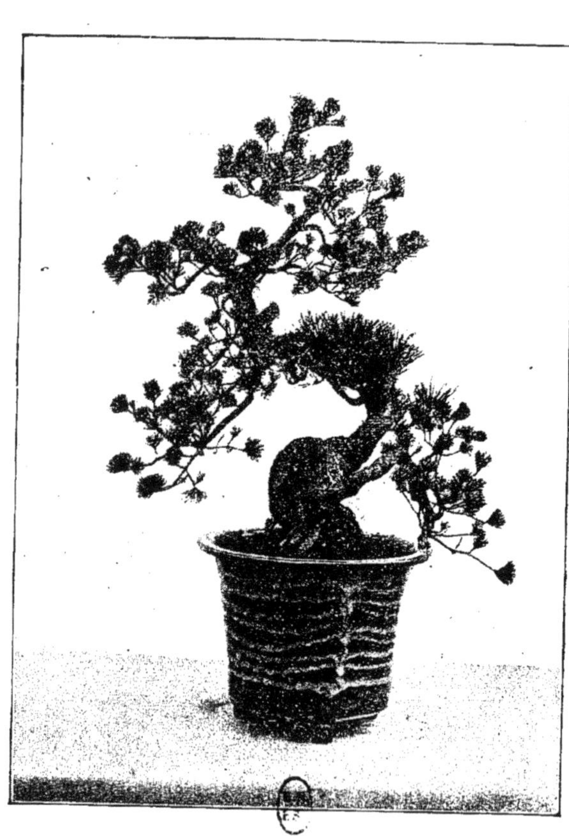

PIN
Arrangement Jikki

72 — Erable nain, greffe et dressage des trois meilleures variétés, environ 40 ans.

Haut. : 0m60.
Plateau Ouno.

73 — Pin.

Haut. : 0m32.
Jardinière Owari.

74 — Thuya, variété verte, environ 40 ans.

Haut. : 0m40.
Jardinière Takatori.

75 — Oren, belles fleurs jaunes au printemps.

Haut. : 0m30.
Jardinière Owari.

76 — Pin, environ 50 ans.

Haut. : 0m35.
Jardinière Saghé.

77 — Thuya, variété verte, charmant dressage forme Jikki, environ 50 ans.

Haut. : 0m50.
Jardinière Saghé.

78 — Erable Nain, quadruple greffe variée, très bel arrangement.

Haut. : 0m70.
Plateau Owari.

79 — PIN, environ 45 ans.
Haut. : 0m35.
Jardinière Sigaraki.

80 — PRUNIER (*Prunus Moumé*), très vieil arbre comme en témoigne son tronc robuste et vigoureux, environ 170 ans. Belles fleurs roses au printemps. L'un des plus beaux spécimens de la collection.
Haut. : 0m165.
Plateau blanc Sigaraki.

81 — IBOUKI.
Haut. : 0m35.
Plateau Saghé.

82 — PIN, arrangement Jikki, par Sigano, environ 70 ans.
Haut. : 0m47.
Jardinière bleu et blanc.

83 — SAKAKI, variété blanche, unique spécimen de cette collection, environ 50 ans.
Haut. : 0m57.
Jardinière Sigaraki.

84 — THUYA, variété d'or, avec ornementation de jardin, environ 35 ans.
Haut. : 0m27.
Plateau Sigaraki.

85 — Ibouki.

Haut. : 0^m26.
Jardinière Seto.

86 — Pin et Erable, greffés, environ 35 ans.

Haut. : 0^m28.
Jardinière Takatori.

87 — Thuya, spécimen exquis et précieux, dressé par Homachô de Denchu, environ 90 ans.

Haut. : 0^m45.
Jardinière Sigaraki.

88 — *Idem*, variété d'or, arrangement Jikki dressée par feu Chotarô, provenant d'un jardin particulier. Très remarquable en raison de son vigoureux et robuste tronc. environ 120 ans. Médaille d'or à la Société Nationale d'Horticulture de France, Mai 1902.

Haut. : 0^m65.
Jardinière Sigaraki.

89 — Satsughé Nain, belle fleur rose simple, environ 80 ans.

Haut. : 0^m45.
Plateau Ouno.

90 — Westaria d'Été, grandes fleurs blanches.

Haut. : 0^m45.
Plateau Ouno.

91 — Kiyaki Nain, provenant du jardin Hamano, environ 100 ans.

Haut. : 0m38.
Plateau Sigaraki.

92 — Pin, superbe dressage par Kanéda de Ikada, l'un de ses meilleurs produits, environ 80 ans.

Haut. : 0m65.
Jardinière bleu et blanc.

93 — Nindow, couvert de petites fleurs jaunes en été, âge inconnu.

Haut. : 0m45.
Jardinière Ouno.

94 — Erable Nain, environ 45 ans.

Haut. : 0m80.
Jardinière Sigaraki.

95 — Thuya, variétés verte et blanche, très rare en son genre et pièce unique dans cette collection, environ 70 ans.

Haut. : 0m48.
Jardinière Sigaraki.

96 — Podocarpe, variété blanche, plante rare et intéressante. Environ 70 ans.

Haut. : 0m69.
Jardinière Oribé.

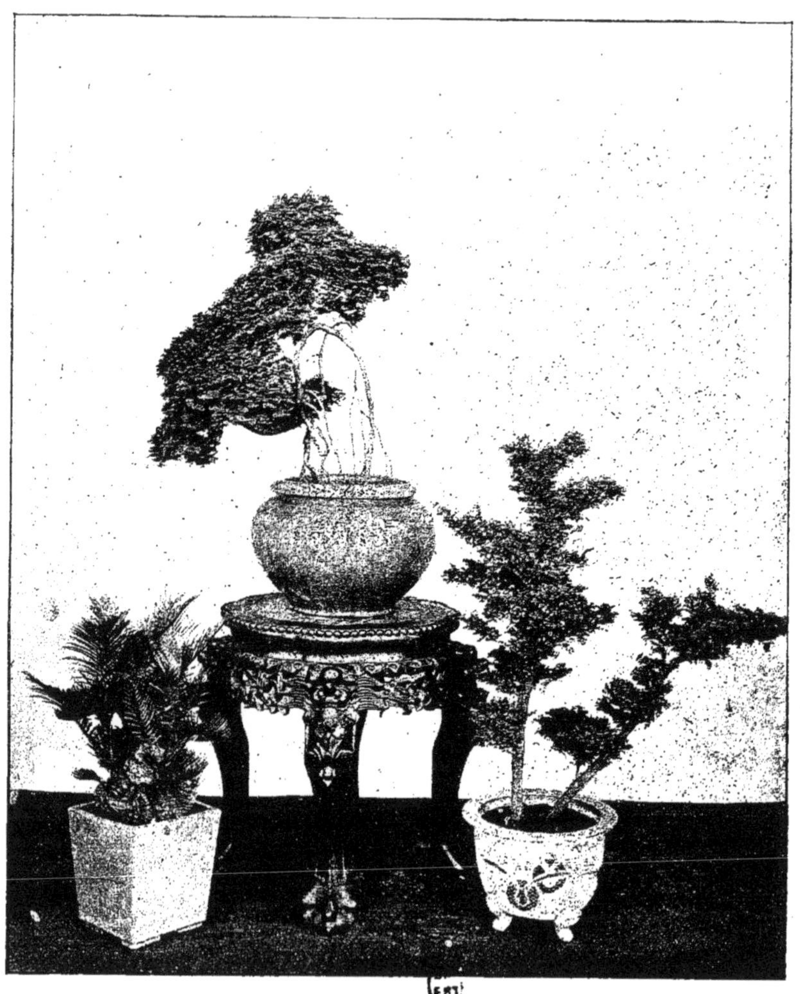

CYCUS REVOLUTA

THUYA
Arrangement Neazari

CRYPTOMERIA
Arrangement Bonsaï

97 — IBOUKI.

Haut. : 0m40.
Jardinière Sigaraki.

98 — PIN, arbre d'une forme élégante, modèle de dressage de pins, environ 60 ans.

Haut. : 0m57.
Jardinière Sigaraki.

99 — THUYA, variété verte, dressé en forme Mikoshi par Kehaï de Tokio. Environ 80 ans.

Haut. : 0m12.
Jardinière Sigaraki.

100 — THUYA, variété verte. Le plus beau et le plus grand spécimen d'arrangement Mikoshi en particulier, et de tous les Thuyas de cette collection. Il provient de M. Hirakawa et n'a pas son pareil au Japon, ses branches régulières et bien équilibrées méritent une attention spéciale; elles révèlent un art tout exceptionnel chez son éleveur, dont le nom est cependant resté inconnu. Mais il y a lieu de supposer que c'est feu Itô de Denchu. L'énormité du tronc et sa forme doivent offrir aux amateurs un intérêt tout particulier. Environ 200 ans.

Haut. : 0m75. Larg. : 1m30.
Jardinière Goroshi faite spécialement.

101 — ERABLE, environ 40 ans.

Haut. : 0m82.
Jardinière Sigaraki.

102 — OREN. Belle fleur blanche, rare variété nouvelle.

Haut. : 0m28.
Plateau Sigaraki.

103 — THUYA.

Haut. : 0m50.
Plateau Sigaraki.

104 — UTSUGHÉ à grande fleur rose. Environ 70 ans.

Haut. : 0m45.
Jardinière Sigaraki.

105 — ERABLE KAÏDÉ NAIN, rare variété, environ 60 ans.

Haut. : 0m85.
Jardinière Goroshi.

106 — THUYA, arrangement Mikoshi, environ 85 ans.

Haut. : 0m60.
Jardinière Sigaraki.

107 — WESTARIA D'ÉTÉ. Fleurs blanches.

Haut. : 0m32.
Jardinière Owari.

108 — **Thuya, âgé de 10 ans.**

Jardinière Sigaraki.

109 — Thuya, variété verte. Bel arrangement Mikoshi, par Chotarô de Tokio. Arbre d'une beauté remarquable et très rare, environ 120 ans.

Haut. : 0m60.
Jardinière Ouno.

110 — Pin (*Pinus densiflora*), arrangement Kengaï avec les racines extrêmement apparentes, dressé par feu Magoyémon de Tokio, célèbre artiste cultivateur de Pins au Japon, dont ce spécimen constitue le meilleur produit ; environ 200 ans.

Haut. : 0m85 ; largeur : 1m50.
Jardinière Goroshi faite spécialement.

111 — Westaria nain, fleurs blanches. Environ 60 ans.

Haut. : 0m95.
Plateau Ouno.

112 — Bambou Kinmaï.

Haut. : 1m10.
Jardinière Owari.

113 — Podocarpe (*Podocarpus Okina*), variété blan-

che, provenant du jardin Takaghé. Environ 75 ans.

Haut. : 0m72.
Jardinière Sigaraki.

114 — TAMARIS à magnifiques fleurs blanches. Environ 60 ans.

Haut. : 0m55.
Plateau Ouno.

115 — OREN. Rare et nouvelle variété spécimen unique dans cette collection.

Haut. : 0m60,
Jardinière Ouno.

116 — KAÏDO. Belle et grande fleur rose au printemps.

Haut. : 0m70.
Plateau Sigaraki.

117 — ERABLE. Deux variétés bien greffées.

Haut. : 0m70.
Jardinière Séto.

118 — TAMARIS NAIN à grande fleur blanche, spécimen unique dans cette collection. Environ 70 ans.

Haut. : 0m70.
Plateau Sigaraki.

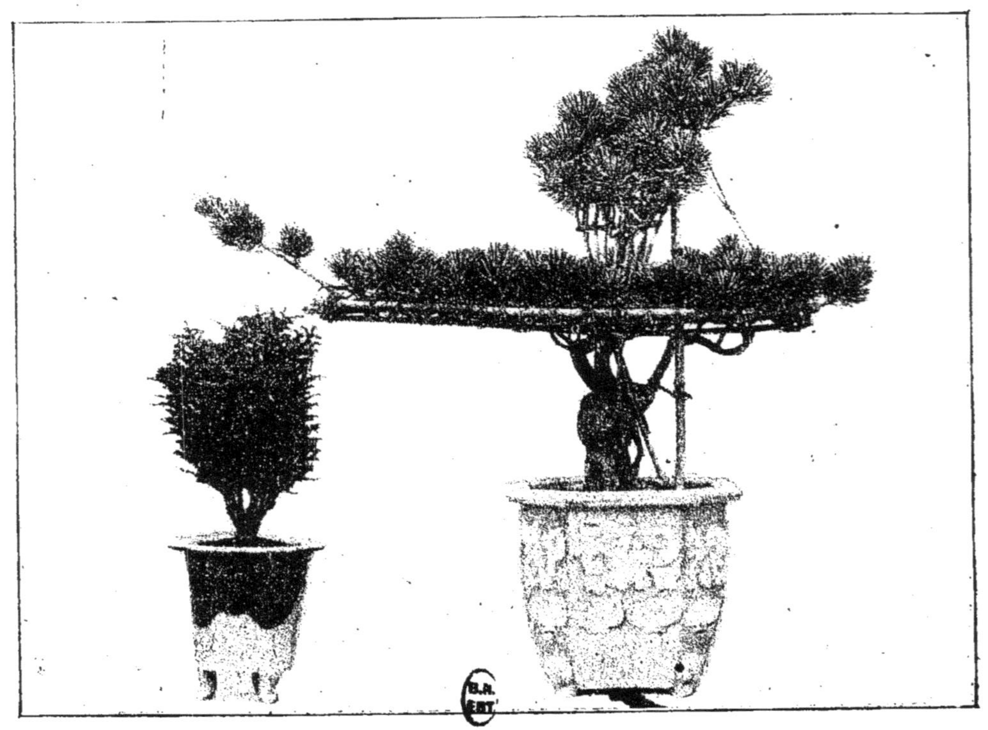

PIN FORME BATEAU

Arrangement Bousaï

Arrangement Neazari

119 — JARDIN MINIATURE entourant un *Pin* formant avec une maisonnette en bronze un paysage charmant. Environ 50 ans.

Haut. : 0m60.
Plateau Ouno.

120 — THUYA. Variété d'or, le plus beau spécimen d'arrangement Jikki et de l'art du dressage en général, par G. Itô. Environ 90 ans.

Haut. : 0m72.
Jardinière Sigaraki.

121 — THUYA, variété verte, dressé par l'horticulteur cité au n° 120. Environ 80 ans.

Haut. : 0m35.
Jardinière Sigaraki blanc.

122 — WESTARIA NAIN, arbre réduit d'un intérêt tout particulier, portant quantité de grandes fleurs pourpres. Environ 100 ans.

Haut. : 0m70.
Plateau Takatori.

123 — BONKAÏ. Reproduction en miniature de l'île de Misaka : *Pin*, *Cryptomeria*, *Kirisima* et *Bambou*.

Haut. : 0m70.
Plateau Sigaraki.

124 — KIYAKI NAIN. Environ 80 ans.

Haut. : 0^m55.
Plateau Ouno.

125 — PRUNIER, vieil arbre au tronc noueux. Environ 100 ans.

Haut. : 0^m60.
Jardinière Sigaraki.

126 — BONKAÏ. Reproduction miniature du jardin Hamano.

Haut. : 0^m55.
Plateau Sigaraki.

127 — NARA, unique spécimen dans cette collection. Environ 40 ans.

Haut. : 0^m70.
Plateau Ouno.

128 — PODOCARPE, provenant du jardin Tanaka. Environ 100 ans.

Haut. : 0^m60.

129 — TAMARIS NAIN à fleurs blanches au printemps. Environ 80 ans.

Haut. : 0^m52.
Jardinière Ouno.

130 — Kiyaki nain. Environ 70 ans.

Haut. : 0m34.
Jardinière Owari.

131 — Westaria d'Été, variété rare et nouvelle.

Haut. : 0m55.
Plateau Ouno.

132 — Utsughé, spécimen unique dans cette collection.

Haut. : 0m45.
Jardinière Sigaraki.

133 — Thuya, variété d'or, arrangement Jikki par Itô de Tokio, environ 80 ans. Médaille d'or à la Société nationale d'Horticulture de France, Mai 1902.

Haut. : 0m58.
Jardinière Sigaraki.

134 — Erable, deux variétés bien greffées.

Haut. : 0m95.
Jardinière Owari.

135 — Hégo nain, spécimen unique dans cette collection. Environ 80 ans.

Haut. : 0m22.
Plateau Sigaraki.

136 — Erable forestier, âgé seulement de 15 ans.

Haut. : 0m40.
Plateau Sigaraki.

137 — Tamaris nain fleuri, environ 60 ans.

Haut. : 0m65.
Jardinière Sigaraki.

138 — Pin, bien dressé et tordu, environ 50 ans.

Haut. : 0m28.
Jardinière Séto.

139 — Grenadier nain, très belles fleurs rouges, environ 40 ans.

Haut. : 0m50.
Jardinière Ouno.

140 — Tamahira, rare variété.

Haut. : 0m12.
Jardinière Oribé.

141 — Pin.

Haut. : 0m35.
Jardinière Ouno.

142 — Erable, les trois meilleures variétés bien greffées et dressées, environ 30 ans. Médaille d'or à

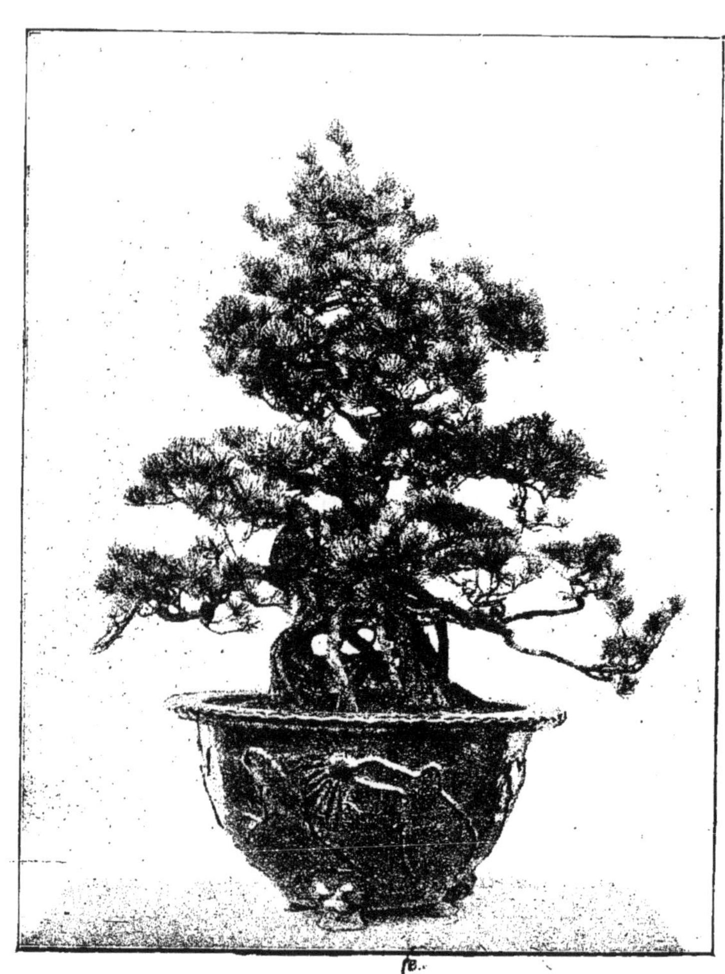

PIN
Arrangement Jikki

la Société nationale d'Horticulture de France, Mai 1902.

Haut : 0^m71.
Plateau Ouno.

143 — Cerisier nain, porte au printemps de belles fleurs roses, environ 75 ans.

Haut. : 0^m36.
Plateau Sigaraki blanc.

144 — Thuya, variété verte, beau spécimen d'arrangement Mikoshi, environ 50 ans. Médaille d'or à la Société nationale d'Horticulture de France, Mai 1902.

Haut. : 0^m40.
Jardinière Ouno.

145 — Pin (*Pinus densiflora*).

Haut. : 0^m85.
Jardinière Sigaraki blanc.

146 — Pin, magnifique dressage par Nishé de Ikéda, environ 40 ans. Médaille d'or à la Société nationale d'Horticulture de France, Mai 1902.

1. : 0^m38.
Plateau Sigaraki.

147 — Thuya, variété verte, dressé sur pierre par Chotarô de Tokio. La façon de cette culture

mérite une attention toute particulière. Environ 75 ans. Médaille d'or à la Société nationale d'Horticulture de France, Mai 1902.

Haut. : 0m58.
Jardinière Sigaraki.

148 — *Idem*. Beau spécimen de la culture Kengaï par l'horticulteur nommé au n° 147. Environ 40 ans.

Haut. : 0m40.
Jardinière Sigaraki.

149 — ERABLE NAIN, variété Desio. Petit arbre de formes exquises, environ 50 ans. Médaille d'or à la Société nationale d'Horticulture, Mai 1902.

Haut. : 0m65.
Plateau Sigaraki.

150 — THUYA, variété verte, splendide spécimen d'arrangement Jikki, dressé par la famille Itô de Tokio. On appelle l'attention sur l'admirable et énorme tronc et le dressage des branches.

A été acquis il y a quatre ans du jardin de M. Moris, et figurait en Mai 1902 à l'Exposition de la Société nationale d'Horticulture de France, où il a obtenu la médaille d'or ; âgé d'environ 250 ans.

Haut. : 0m93. Larg. : 1m11.
Jardinière Go-oshi faite spécialement.

151 — *Idem*, un des meilleurs spécimens de la culture Jikki, sortant des mêmes mains que le numéro 150, environ 50 ans. Médaille d'or 1902.

Haut. : 0m33.
Jardinière Goroshi.

152 — *Idem*, arrangement Mikoshi, provenance comme ci-dessus, environ 80 ans.

Haut. : 0m60.
Jardinière Sigaraki.

153 — Pin, provenance comme le numéro 150, environ 70 ans.

Haut. : 0m45.
Jardinière Sigaraki.

154 — *Idem*, arrangement Jikki, dressé par le même horticulteur que le numéro 150, environ 80 ans.

Haut. : 0m80.
Jardinière Sigaraki.

155 — Cerisier nain, environ 50 ans.

Haut. : 0m60.
Jardinière Takatori.

156 — Podocarpe, dressé par Také de Denchu, environ 60 ans.

Haut. : 0m72.
Jardinière Goroshi.

157 — THUYA, variété d'or, arrangement Mikoshi, par Takaghé de Tokio, splendide disposition des branches bien développées, environ 100 ans.

Haut. : 0m57.
Belle jardinière Oribé.

158 — THUYA.

Jardinière Ouno.

159 — PODOCARPE, variété rare. Médaille d'or de la Société Nationale d'Horticulture de France, Mai 1902.

Haut. : 0m58.
Jardinière Saghé.

160 — PIN, environ 50 ans.

Haut.: 0m45.
Jardinière Séto bleu et blanc.

161 — ERABLE NAIN, provenant du jardin Chotarô, environ 80 ans. Médaille d'or de la Société Nationale d'Horticulture de France, Mai 1902.

Haut: 0m55.
Plateau Sigaraki.

162 — THUYA, spécimen frappant d arrangement par feu Gontarô, environ 90 ans.

Haut. : 0m55.
Jardinière Goroshi.

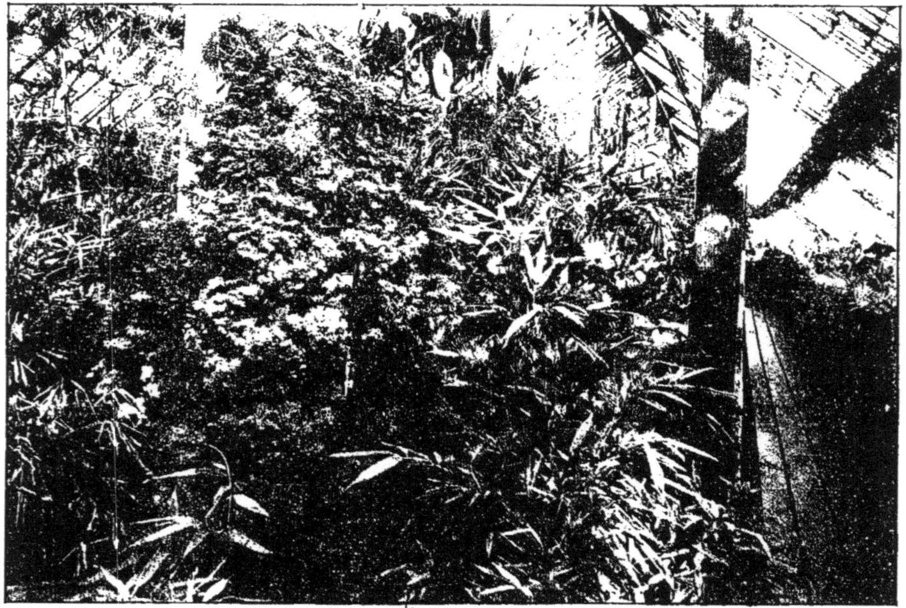

SERRE DE LA PÉPINIÈRE YAMANAKA A OSAKA

163 — PIN par le même éleveur, environ 60 ans.

Haut. : 0m70.
Jardinière Sigaraki.

164 — HIRAGHI.

Jardinière Sigaraki.

165 — PODOCARPE, variété blanche, rare et très belle, provenant du jardin Hamano, environ 80 ans.

Haut. : 0m65.
Jardinière Sigaraki.

166 — THUYA, variété verte, dressé par Nishé, environ 40 ans.

Haut. ; 0m60.
Jardinière Owari.

167 — UTSUGHÉ NAIN, belles fleurs rouges au printemps, environ 60 ans.

Haut. : 0m38.
Jardinière Ouno.

168 — CERISIER, charmante floraison du cerisier double japonais.

Jardinière Sigaraki.

169 — *Idem.*

170 — *Idem.*

171 — THUYA, variété verte, dressage artistique, arrangement Jikki, par feu Murano de Tokio. On remarquera la gracieuse disposition de ses branches bien développées. Environ 170 ans.

Haut. : 0m85.
Jardinière Sigaraki.

172 — LANTERNE EN PIERRE « La Kasuya » faite en l'honneur d'une divinité Shinto, à laquelle l'un des anciens temples de Nara a été consacré.

L'une des plus importantes ornementations de jardin du Japon.

Haut. : 1m60.

173 — LANTERNE DE JARDIN EN PIERRE, ornementation de jardin très intéressante, faite à Kioto.

Haut. : 0m85.

www.ingramcontent.com/pod-product-compliance
Ingram Content Group UK Ltd.
Pitfield, Milton Keynes, MK11 3LW, UK
UKHW020433180726
13839UKWH00003B/1476